BEI GRIN MACHT SICH IHR WISSEN BEZAHLT

Bibliografische Information der Deutschen Nationalbibliothek:

Die Deutsche Bibliothek verzeichnet diese Publikation in der Deutschen National-bibliografie; detaillierte bibliografische Daten sind im Internet über http://dnb.d-nb.de/ abrufbar.

Impressum:

Copyright © 2017 GRIN Verlag
Druck und Bindung: Books on Demand GmbH, Norderstedt Germany
ISBN: 9783668858053

Dieses Buch bei GRIN:

https://www.grin.com/document/446716

Anonym

Erfolgreiche Unternehmensführung. Change Management, Strategieimplementierung, Balanced Scorecard und Unternehmensethik

GRIN Verlag

GRIN - Your knowledge has value

Der GRIN Verlag publiziert seit 1998 wissenschaftliche Arbeiten von Studenten, Hochschullehrern und anderen Akademikern als eBook und gedrucktes Buch. Die Verlagswebsite www.grin.com ist die ideale Plattform zur Veröffentlichung von Hausarbeiten, Abschlussarbeiten, wissenschaftlichen Aufsätzen, Dissertationen und Fachbüchern.

Besuchen Sie uns im Internet:

http://www.grin.com/

http://www.facebook.com/grincom

http://www.twitter.com/grin_com

Deutsche Hochschule für
Prävention und Gesundheitsmanagement
Hermann Neuberger Sportschule 3
66123 Saarbrücken

Einsendeaufgabe

Fachmodul:	Strategische Unternehmensführung II
Studiengang:	Master of Arts Prävention und Gesundheitsmanagement
Datum Präsenzphase:	06.11.17 bis 09.11.17
Studienort:	**Saarbrücken**
Semester:	**WS 2017**

Inhaltsverzeichnis

1 Bodo Müllers Plan

1.1 Gründe für Wandel

Bei der Transformation von Organisationen gibt es drei Ebenen: Der Wandel, die Entwicklung, sowie die Veränderung von Organisationen. Der Wandel findet permanent und stetig statt. Nach Bamberger & Wrona (2012, S.494) bezieht sich der organisatorische Wandel auf die Veränderung von Merkmalen von Organisationen in der Zeit und umfasst alle Anstrengungen zur zielgerichteten Organisationsgestaltung.

Der Marketing Direktor Bodo Müller der Gesundheits- und Medizintechnik AG zeigt drei Gründe für den initiierten Wandel bei der Gesundheits- und Medizintechnik AG auf. Zum einen hat sich das Kaufverhalten in den vergangenen Jahren stark verändert. Vor ein paar Jahren waren die Krankenhausärzte für die wesentlichen Entscheidungen bezüglich des Einkaufs von medizinischen Geräten zuständig. Heutzutage übernehmen die Krankenhausadministration und die Einkaufsabteilungen die Kaufentscheidungen. Bisher war das Marketing auf die Ärzte ausgerichtet. Durch das veränderte Kaufverhalten muss die Marketingstrategie überarbeitet und auf die Bedürfnisse des C-Levels angepasst werden. Zudem war die technologische und ingenieurorientierte Wahrnehmung der Gesundheits- und Medizintechnik AG so lange Ideal, wie die Krankenhausärzte die Kaufentscheidungen getroffen haben. Nun muss das Unternehmen zeigen, dass es auch ganzheitliche Lösungen liefern konnte, welche die allgemeine Effizienz im Krankenhaus verbessern würde. Für die Krankenhäuser wird das ökonomisch und wirtschaftliche Handeln immer relevanter. Ein weiterer Grund ist die Wirtschaftsentwicklung in Deutschland. Das Unternehmen weist zwar eine gute wirtschaftliche Lage auf, allerdings ist die Wachstumsrate sehr niedrig und die Investitionen an medizinischen Geräten liegen in Deutschland mit circa sechs Milliarden Euro auf einem konstanten Niveau.

1.2 Aspekte des Strategiewandels

"Der Strategiewandel wird aufgrund von Internationalisierung, Intensivierung von Kernkompetenzen oder einer neuen beziehungsweise vertieften Kundenorientierung notwendig" (Schumann, 2017, S.160).
Die neue Strategie von Bodo Müller ist die Einführung des C-Level Marketing. Bei dieser Strategie arbeiten die sieben Unternehmenseinheiten nicht mehr getrennt mit unab-

hängigen Marketing-Teams voneinander. Das C-Level Marketing umfasst alle Unternehmenseinheiten auf einer gemeinsamen Arbeitsebene und erfordert daher eine Umstrukturierung im Unternehmen.

Bodo Müller verfolgt nun den Plan, die Marketing Vizepräsidenten (VPs) der sieben Produktlinien zu überzeugen, ihre Marketingstrategien umzugestalten und einen kleinen Anteil ihres Budgets in C-Level Marketing zur Verfügung zu stellen. Dabei handelt es sich um einen reaktiven Wandel, da die Veränderungen erst nach einer wahrgenommenen "Krise" eingeleitet wurden (Hanft, 2011, S.328). Müller erkannte, dass das Marketing nicht mehr an die Krankenhausärzte adressiert werden sollte, da diese wenig Entscheidungsfreiheiten besitzen. Um die Strategie des C-Level Marketing verwirklichen zu können, verfolgt Müller drei Ansatzpunkte.

Bei dem Treffen des Marketingboards, bei dem alle sieben Marketing Vizepräsidenten anwesend sind und wichtige Geschäftsthemen diskutieren, präsentiert Bodo Müller auf einer sachlichen Ebene seine Vorstellung hinsichtlich des C-Level Marketings. Müller erwähnt die Herausforderung der C-Level Kunden, den Mangel an Zusatznutzen und Informationen, welche das Unternehmen den Kunden bisher bieten konnte und zeigt Lösungsansätze, wie sie als ein Team Inhalte schaffen und vermitteln könnten.

Da es sich beim C-Level Marketing um etwas Neues für die Gesundheits- und Medizintechnik AG handelt, plant der Marketing Direktor die Einführung eines kleinen und geschäftsbereichsübergreifenden Projekts, welches Ideen zu C-Level Marketing in Deutschlang entwickeln sollte. Dieses Projekt stellt Müller ebenfalls im Meeting vor.

Bodo Müller entwickelt zudem eine Arbeitsgruppe, welche die Vertreter aller Unternehmenseinheiten auf Arbeitsebene erschließen sollte. Daraufhin veranstaltet Müller ein Kick-off-Meeting, um Feedback einzuholen und weitere Maßnahmen zu präsentieren.

1.3 Barrieren und Widerstände

Doppler und Lauterburg (2008, S.336) definieren Widerstand wie folgt: „Von Widerstand kann immer dann gesprochen werden, wenn vorgesehene Entscheidungen, die auch bei sorgfältiger Prüfung als sinnvoll oder notwendig erscheinen, aus zunächst nicht ersichtlichen Gründen bei einzelnen Individuen oder Gruppen auf diffuse Ablehnung stoßen."

Dem initiierten Wandel von Bodo Müller könnten einige Widerstände entgegenstehen.

4

Die Marketing Vizepräsidenten könnten den Strategiewandel auf der passiven, verbalen Ebene bagatellisieren. Die Präsidenten stellen das C-Level Marketing beispielsweise als unwichtig dar und sind der Meinung, dass andere Themen momentan Vorrang haben. Somit weichen diese dem Thema aus. Ein weiterer Widerstand könnte auf der passiven, nonverbalen Ebene vollzogen werden, indem die VPs trotz einer Teilnahmebestätigung bei einem wichtigen Meeting fernbleiben. Dies drückt deutlich das mangelnde Interesse die Lustlosigkeit der VPs zu dem bevorstehenden Thema aus. Zudem könnte es zu einem Widerspruch auf der aktiven, verbalen Ebene kommen. Die VPs, sowie die anderen Mitarbeiter beharren möglicherweise auf ihrem sturen Formalismus, indem sie die bisherige Routine beibehalten und wie gewohnt jeder VP für seinen Bereich arbeiten möchte. Die Mitarbeiter wollen ihre Arbeit so verrichten, wie sie es bisher immer gemacht haben.

Widerstand könnte sich auch auf der aktiv, nonverbalen Schicht in Bezug des Verhaltens der Mitarbeiter widerspiegeln. Es gibt zum Beispiel Aufregung und Unruhe im Team, da eine Gruppe kein Verständnis für den Strategiewandel besitzt und diesen sogar boykottiert, eine andere Gruppe aber sehr wohl den Wandel nachvollziehen kann. Somit kann das Team nicht mehr effektiv zusammenarbeiten, da beide Gruppen andere Vorstellungen und Ziele verfolgen.

2 Change Management

„Change Management ist ein essenzieller Erfolgsfaktor für Unternehmen und Organisationen, die aufgrund einer turbulenten Umwelt und immer stärker werdendem Veränderungsdruck Prozesse und Strukturen verbessern, optimieren und sich anpassen müssen" (Schweizer, Iberer & Keller, 2005, S.249).

2.1 Gründe für Scheitern

Das 8-Stufen Modell von Kotter ist ein ganzheitlicher Ansatz, um einen erfolgreichen Wandel in einem Unternehmen durchführen zu können.
Nachfolgend werden die Gründe für das Scheitern in Tab. 1 dargestellt und auf Bodo Müllers Plan reflektiert. Es werden nur die zutreffenden Stufen genauer erläutert.

Tab. 1: 8-Stufen Modell von Kotter: Gründe für das Scheitern (in Anlehnung an Kotter, 1995)

Stufen	Gründe für das Scheitern
Stufe 1	Fehlendes Bewusstsein der Dringlichkeit geschaffen
Stufe 2	Fehlen eines ausreichend starken Leistungsteams
Stufe 3	Keine klare Vision und Zielvorstellung
Stufe 4	Mangelnde Kommunikation der Vision
Stufe 5	Hindernisse stehen der Vision im Weg
Stufe 6	Unfähigkeit schnelle Erfolge zu erzielen
Stufe 7	Zu früh den Sieg erklären
Stufe 8	Unternehmenskultur bleibt unverändert

Stufe 1: Das Gefühl der Dringlichkeit für die neue Strategie wurde bei den Marketing-Vizepräsidenten nicht geweckt. Trotz der Präsentation mit klaren Zahlen und Fakten bei dem Treffen des Marketing Boards konnte Müller die VPs nicht überzeugen. Zudem wurden die anderen Mitarbeiter nicht mit der neuen Strategie konfrontiert und nicht ins Geschehen mit einbezogen. Müller hätte auch das Feedback der Mitarbeiter einholen sollen.

Stufe 3: Die Vision des Unternehmens wurde nicht an die neue Strategie angepasst und verändert. Wenn die neue Strategie erfolgreich werden soll, ist die Anpassung der Vision ein relevanter Grundsatz.

Stufe 4: Die VPs, sowie die anderen Mitarbeiter besitzen ein fehlendes Verständnis der Vision, da diese nicht angepasst und kommuniziert wurde.

Stufe 5: Eine Barriere, welche die Umsetzung der Vision verhinderte, war das fehlende Budget. Die Marketing Vizepräsidenten wollten für das C-Level Marketing kein Budget einräumen. Zudem mangelte es an innerbetrieblichen Strukturen und Systemen, um das C-Level Marketing umsetzen zu können. Außerdem hat Müller den VPs, sowie den Mitarbeitern nicht genügend Zeit gegeben, sich mit dem Strategiewandel auseinander-zusetzten, damit diese den Wandel auch hätten akzeptieren können.

Stufe 6: Die Marketing Vizepräsidenten zogen mit Bodo Müller nicht an einem Strang und sahen nicht die Notwenigkeit des Strategiewandels. Diese kamen nicht zu den Meetings und stellten kein Geld zur Verfügung. Zudem wurden die ausführenden Mitarbeiter nicht in die Strategie miteinbezogen.

Stufe 8: Die Unternehmenskultur hat einen hohen Einfluss auf ein erfolgreiches Implementierungsvorhaben. Im strategischen Management ist demnach darauf zu achten, dass zwischen den formulierten und zu implementierenden Strategien sowie der Unternehmenskultur kein Widerspruch besteht (Bleicher, 1991, S.117). In Bodo Müllers Implementierungsvorhaben blieben die Unternehmenskultur sowie die Werte des Unternehmens unverändert. Diese wurde trotz des Strategiewandels nicht überarbeitet und kommuniziert.

2.2 Veränderungen meistern

Nachfolgend werden die acht Beschleuniger von Kotter, dargestellt in der Abbildung Abb. 1 auf die konkrete Situation von Bodo Müller übertragen. Die Beschleuniger laufen dabei zeitgleich und kontinuierlich ab.

Abb. 1: Die acht Beschleuniger von Kotter

1.Gefühl der Dringlichkeit für eine bedeutende Chance schaffen
Bodo Müller müsste die Dringlichkeit, Notwenigkeit, sowie den Nutzen der neuen Strategie des C-Level Marketing den Vizepräsidenten aufzeigen. Müller müsste zudem darstellen, was auftreten könnte, wenn sich nichts ändern würde und sie genauso weiterarbeiten würden wie bisher. Er könnte in einem Meeting Feedback und Alternativen der Marketing Vizepräsidenten einholen und deren Meinungen mehr in den Prozess mit einbinden.

2.Aufbau und Pflege einer lenkenden Koalition

Der Marketing Direktor könnte die Qualifikationen und die Zusammenstellung der bisherigen Koalition genauer reflektieren. Er sollte darauf achten, dass auf jeder Abteilung Vertreter mit unterschiedlichen Kompetenzen vorhanden sind, um sich somit gut zu ergänzen und weiterzuentwickeln.

3.Formulierung einer strategischen Vision und Entwicklung von Change-Initiativen

Müller müsste zunächst die Vision an die neue Strategie anpassen. Er müsste eine verständliche Vision formulieren, welche die Mitarbeiter als Leitbild zum Erfolg wahrnehmen und diese zusätzlich mit ausreichend Information versorgt. Bevor die neue Vision an die Mitarbeiter kommuniziert wird, könnte Müller diese zunächst den Marketing Vizepräsidenten vorlegen und deren Meinungen, sowie Vorschläge dazu einzuholen.

4.Kommunikation der Vision und der Strategie, um Unterstützung und Freiwillige zu gewinnen

Bodo Müller könnte die neue Vision, sowie die neue Strategie in einem Meeting mit einer guten vorbereiteten Rede ehrlich kommunizieren. Die Transparenz der Mitarbeiter spielt dabei eine wichtige Rolle, man muss diese mit in den Prozess integrieren. Die Mitarbeiter sollen abgeholt werden und das Gefühl bekommen, sich mit neuen Ideen einbringen zu können.

5.Beseitigung von Hindernissen, um ein rasches Vorkommen zu ermöglichen

Das Umstellen der neuen Marketingstrategie setzt voraus, dass alle Produktlinien gemeinsam umfasst werden und nicht jeder VP einzeln für sein Bereich arbeitet. Somit müssten die Strukturen und Systeme an die neue Strategie angepasst werden, um die Mitarbeiter handlungsfähig zu machen. Zudem sollte Müller die Dringlichkeit des C-Level Marketing und das dafür notwendige Budget in Einzelgesprächen mit den Marketing Vizepräsidenten betonen. Zusätzlich sollte Müller die Veränderungsphasen der Mitarbeiter berücksichtigen. Während manche noch von der neuen Strategie geschockt sind, sind andere schon in der Phase des Lernens und Akzeptanz. Somit wäre es wichtig das Tempo der Mitarbeiter in diesem Prozess zu berücksichtigen und die Veränderungen nicht zu schnell, aber auch nicht zu langsam einzuführen. Es wäre ideal, alle Mitarbeiter in der Integrationsphase abholen zu können.

6.Zelebrieren von schnellen und bedeutenden Erfolgen

Bodo Müller könnte seinen Mitarbeitern Feedback über die bisherige Arbeit und Maßnahmen geben. Um die Motivation der VPs und Mitarbeiter zu fördern, ist es wichtig schnelle Erfolge zu verzeichnen und diese auch zu würdigen. So könnte das Unternehmen beispielsweise den Gewinn von zehn neuen Kunden durch die neu eingeführte Strategie feiern.

7.Nicht nachlassen, stets weiterlernen und nicht zu früh den Sieg erklären

Es ist wichtig Veränderungen des Geschäftsfeldes, sowie des Wettbewerbes im Blick zu haben und auf diese schnell reagieren zu können. Daher sollten ausgewählte Mitarbeiter genau für diese Aufgaben verantwortlich gemacht werden.

8.Institutionalisierung des strategischen Wandels in der Unternehmenskultur

Die Unternehmenskultur sollte angepasst werden, damit zwischen der zu implementierenden Strategie und der Unternehmenskultur kein Widerspruch besteht. Bei der neuen Strategie ist eine Abkehr von bisherigen Denk- und Handlungsweisen erforderlich, welche die Mitarbeiter auch leben sollen.

3 Strategieimplementierung

„Die Strategieimplementierung determiniert, wie ausgehend vom Status Quo die Transformation zur zukünftigen Soll-Positionierung zu vollziehen ist" (Stonich, 1982, S.17). Dabei beschreibt die Implementierung den Sachverhalt, dass neue Regelungen und Strategien in eine bestehende Institution verankert werden. Die Implementierung kann anhand zweier Teilbereiche beschrieben werden: Auf der einen Seite durch die sachorientierte Spezifizierung, das heißt die Operationalisierung der Strategie, auf der anderen Seite durch die verhaltensorientierte Durchsetzung zur Erreichung der Strategieakzeptanz (Raps, 2002, S.30).

3.1 Durchsetzung

Bei der Phase der Durchsetzung handelt es sich um verhaltensbezogene Aufgaben mit dem Ziel die Akzeptanz der Mitarbeiter zu gewinnen.

Die Gesundheits- und Medizintechnik AG könnte verschiedene Maßnahmen hervorrufen, um dieses Ziel zu erreichen. Die erste Maßnahme ist die Vermittlung der neuen Strategie des C-Level Marketing an die Mitarbeiter. Das Unternehmen könnte ein Meeting mit allen Mitarbeitern veranstalten, um die neue Strategie vorzustellen. Mitarbeiter, die nicht an dem Meeting teilnehmen können, bekommen ein Video des Meetings zugeschickt. Zusätzlich bekommen alle Mitarbeiter per E-Mail noch einmal das Protokoll des Meetings und der neuen Strategie zugesendet. Das Unternehmen kann somit das

Verständnis der Mitarbeiter gewinnen. Die Mitarbeiter sollen die neue Strategie verinnerlichen und ihre Arbeit in Hinblick der Strategiesicherung vollziehen. Eine weitere Maßnahme ist die Schulung der Mitarbeiter. Die Mitarbeiter bekommen Fortbildungen im Bereich erfolgreiche Kundenbeziehungen, Kommunikation und C-Level Marketing. Da es sich um einen Veränderungsprozess der Arbeitsstruktur handelt, müssen die Mitarbeiter gut eingewiesen und die neuen Prozesse erarbeitet werden. Somit wird auch die Unsicherheit der Mitarbeiter abgebaut. Als dritte Maßnahme könnte die Gesundheits- und Medizintechnik AG einen strategiebezogenen Konsens schaffen, indem sie ein Konfliktmanagement einführen. Gerade zu Beginn der Strategieimplementierung kann es vermehrt zu Konflikten bezüglich der Durchsetzung und Zielvorstellungen kommen. Das Unternehmen könnte Konfliktmanager einstellen, welche Konflikte mit Vorgesetzen und Mitarbeitern wahrnimmt, analysiert und löst, um somit den Unternehmenserfolg zu steigern.

3.2 Umsetzung

Bei der Phase der Umsetzung handelt es sich um sachbezogene Aufgaben mit dem Ziel eines reibungslosen Ablaufs. Wie schon bei der Durchsetzung, könnte das Unternehmen auch hier verschiedene Maßnahmen in Hinblick einer erfolgreichen Strategieimplementierung herbeiführen. Die AG kann in Bezug auf die Transformation Verantwortlichkeiten festlegen. Das heißt man verteilt die Verantwortung auf mehrere Personen. Ein Mitarbeiter trägt beispielsweise die Verantwortung für die Informationsgewinnung, ein anderer für das C-Level Marketing und ein dritter für die Kundenkommunikation. Eine weitere Maßnahme bezieht sich auf die Organisationsgestaltung. Da Das C-Level Marketing nicht jeweils einzeln für die sieben Unternehmenseinheit möglich ist, muss es alle Produktlinien gemeinsam umfassen. Dafür muss das Unternehmen neue Strukturen schaffen, die Arbeitsprozesse optimieren und Teams mit Personen von allen Unternehmenseinheiten zusammenstellen, welche sich gut ergänzen und austauschen können. Als dritte Maßnahme können Anreiz- und Motivationssysteme geschaffen werden, um das Arbeitsklima, sowie die Mitarbeiter positiv zu beeinflussen und mögliche Widerstände abzubauen. Die Gesundheit- und Medizintechnik AG könnte die Mitarbeiter mit einer Beteiligung von 10 Prozent bei Umsatzsteigerung von 5 Prozent gegenüber dem Vorjahr anspornen. Zusätzlich könnte den Mitarbeitern ein nicht finanzieller Anreiz mit der Arbeitsplatzsicherheit in dem Unternehmen zugesichert werden.

4 Balanced Scorecard

„Im Rahmen der Strategieimplementierung fungiert die Balanced Scorecard als Kommunikationsmedium bezüglich der Ziele und ihrer Erreichung und begünstigt so die Konsensbildung und Schaffung eines gemeinsam getragenen Verständnisses der formulierten Strategie. Sie erleichtert dabei sowohl die horizontale Kommunikation zwischen den Bereichen als auch die vertikale Zusammenarbeit über die Hierarchieebenen der Organisation" (Steinle, Thiem & Lange, 2001, S.32).

4.1 Ursache- Wirkungskette

Nachfolgend wird in der Abbildung Abb. 2 die Ursache-Wirkungskette für die Gesundheits- und Medizintechnik AG auf Grundlage von Bodo Müllers Strategie dargestellt.

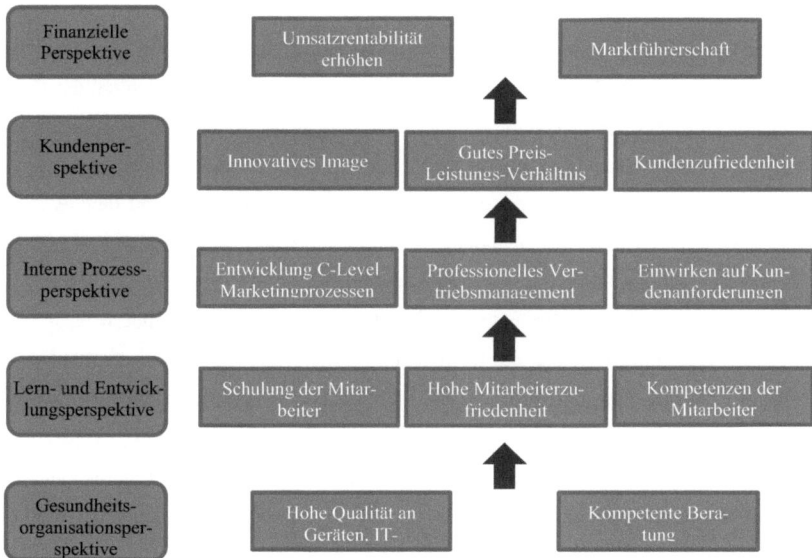

Abb. 2: Ursache-Wirkungskette von Bodo Müllers Strategie (eigene Darstellung)

Die Ursache- Wirkungskette beginnt unten mit der Gesundheitsorganisationsperspektive. In diesem Fall stehen dafür der Markt der Gesundheitsindustrie und die Krankenhäuser. Diese Einrichtungen, insbesondere die Krankenhausadministration und Einkaufsabteilungen erwarten von der Gesundheits- und Medizintechnik AG eine sehr hohe

Qualität an Geräten und IT- Systemen, sowie eine kompetente Beratung. Dafür und für das Erreichen der finanziellen Ziele werden auf der Lern- und Entwicklungsperspektive die Voraussetzungen geschaffen. Die Mitarbeiter bekommen eine Schulung hinsichtlich des C-Level Marketing, welches die neue Strategie von Bodo Müller darstellt. Auch im Thema Vertrieb werden die Angestellten geschult. Die Mitarbeiter entwickeln sich stets weiter und erhalten somit die notwendigen Kompetenzen für ihre Arbeit. Auch die hohe Mitarbeiterzufriedenheit ist ein wichtiges Mittel, um die Ziele zu erreichen. Nur wenn die Mitarbeiter zufrieden und gerne ein Teil des Unternehmens sind, führen sie ihre Arbeit gewissen und mit Motivation aus. Die Lern- und Entwicklungsperspektive ist wiederum eine Voraussetzung für die interne Prozessperspektive. In der interne Prozessperspektive werden die internen Geschäftsprozesse durch das Management identifiziert, die für die Erreichung der Ziele als kritisch gelten (Vgl. Kaplan & Norton, 1997, S.62). Müller muss für seine Mitarbeiter klare C-Level Marketingprozesse bilden, sowie ein professionelles Vertriebsmanagement aufbauen, damit diese eine klare Struktur haben. Ein wichtiger Punkt ist auch das Einwirken auf die Kundenanforderungen. Das Unternehmen muss auf die Wünsche und Bedürfnisse ihrer Kunden eingehen, was mit dem C-Level Marketing noch besser umsetzbar ist. Bodo Müller möchte bezüglich der Kundenperspektive mit der Gesundheits- und Medizintechnik AG bei seinen Kunden ein innovatives Image erhalten, das heißt die Kunden sollen den Eindruck bekommen, dass das Unternehmen immer auf dem neusten Stand der Technik ist und mit dem Wandel der Zeit geht. Die Kunden sollen zudem ein optimales Preis- Leistungs-Verhältnis erhalten, was sich wie der Punkt zuvor auf die Kundenzufriedenheit auswirkt. Die letzte Perspektive ist die finanzielle Perspektive, worauf sich letztendlich alle andern Perspektiven auswirken. Im Mittelpunkt der finanziellen Perspektiven stehen die wirtschaftlichen Ziele mit den gängigen Kennzahlen wie zum Beispiel Umsatzwachstum, Steigerung Unternehmenswert und Umsatzrentabilität (Vgl. Kaplan & Norton, 1997, S. 26). Die Gesundhits- und Medizintechnik AG möchte die Umsatzrentabilität von momentan acht Prozent in den nächsten drei Jahren auf zehn Prozent erhöhen, um noch effizienter zu werden. Zudem will das Unternehmen die Marktführerschaft in ihrer Branche erzielen und auch vermehrt in den USA expandieren.

4.2 Festlegung Ziele, Kennzahlen, Vorgaben und Maßnahmen

Die Erarbeitung der Balanced Scorecard erfolgt in drei wesentlichen Schritten und ist für die Organisation individuell und sachbezogen zu betrachten. Nach Schweizer, Iberer & Keller (2005, S. 268-269) sehen die Schritte wie folgt aus:

Schritt 1: Ableitung von strategischen Ziele für die jeweilige Perspektive

Im ersten Schritt gilt es für jede Perspektive ein strategisches Ziel auszuformulieren und zu definieren.

Schritt 2: Definition von Kennzahlen als Messgröße für die strategischen Ziele

Hier gilt es Kennzahlen beziehungsweise Frühindikatoren auszumachen, welche bereits in einem frühen Stadium anzeigen, ob das strategische Ziel erreicht werden wird. Im Bezug auf Bodo Müllers Strategie werden noch Teilziele bezüglich der Kennzahlen ausformuliert.

Schritt 3: Erarbeitung von konkreten Maßnahmen und Aktionen

Im letzten Schritt müssen der Sollgröße konkrete Maßnahmen zugeordnet werden.

In der nachfolgenden Tabelle Tab. 2 werden Ziele, Kennzahlen, Vorgaben und Maßnahmen basierend auf der vorherigen Ursache-Wirkungskette der Gesundheits- und Medizintechnik AG aufgestellt. Anschließend werden die Maßnahmen noch konkreter erläutert.

Tab. 2: Ziele, Kennzahlen, Vorgaben und Maßnahmen der fünf Perspektiven der Gesundheits- und Medizintechnik AG (eigene Darstellung)

Finanzperspektive			
Ziele	Kennzahlen	Vorgaben	Maßnahmen
Umsatzrentabilität in den nächsten 3 Jahren von 8% auf 10% erhöhen	Gewinn (Jahresüberschuss nach Steuern)	Umsatzrentabilität im nächsten Geschäftsjahr von 8% auf 8,5% erhöhen.	professionelles C-Level Marketing und Marketingprozesse, um mehr Kunden zu generieren
Kundenperspektive			
Ziele	Kennzahlen	Vorgaben	Maßnahmen
Die Gesundheits- und Medizintechnik AG soll in den nächsten 5 Jahren der beste Anbieter im Bereich der Gesundheitsgeräte und IT- Systemen werden.	Kundenzufriedenheit	Die Kundenzufriedenheit soll sich im nächsten Geschäftsjahr auf 80% erhöhen	Kundenbefragung zur Kundenzufriedenheit: Alle Kunden bekommen per E-Mail eine Befragung, bei der sie teilnehmen können
Interne Prozessperspektive			
Ziele	Kennzahlen	Vorgaben	Maßnahmen
Das Unternehmen möchte jedem Kunden eine individuelle Beratung bieten und somit eine höhere Kundennähe erreichen.	Anzahl von Beratungsstunden	Die AG möchte vor der Eröffnung des Produktangebotes mit jedem Kunden eine Beratungsstunde vollziehen, um deren Wünsche und Anforderungen gerecht zu werden. Die Beratungen sollen in den nächsten drei Jahren um 5% ansteigen.	Schulung der Mitarbeiter im Bereich Vertrieb: 4 Schulungen pro Mitarbeiter in einem Jahr.
Lern- und Entwicklungsperspektive			
Ziele	Kennzahlen	Vorgaben	Maßnahmen
Die AG möchte im Betrieb eine sehr hohe Mitarbeiterzufriedenheit erzeugen.	Unternehmens-Aktien	In den nächsten 3 Jahren sollen 85% der Mitarbeiter eine Unternehmens-Aktie von der AG besitzen.	Kommunizieren und leben der Unternehmenskultur: In jedem Meeting wird zu Beginn die Unternehmenskultur kommuniziert
Gesundheitsorganisationsperspektive			
Ziele	Kennzahlen	Vorgaben	Maßnahmen
Das Unternehmen hat langfristig die höchste	Umsatz	Die AG möchte in den nächsten 3 Jahren den	Entwicklung im Bereich der IT-Systeme, um eine

14

Qualität in Gesundheits-geräten und IT-Systemen		Umsatz von 8 Mrd. Euro auf 9 Mrd. Euro steigern.	noch höhere Qualität gewährleisten zu können.

Für die Gesundheitsorganisationsperspektive wird die Maßnahme angestrebt, die Produktionsprozesse zu überarbeiten. Konkreter gesagt, wird speziell auf die IT-Systeme eingegangen, die eine Stärke von der Gesundheits- und Medizintechnik AG darstellt. Es wird eine neue Software entwickelt, welche noch besser für die Krankenhäuser im Bereich Verwaltung einsetzbar ist. Die Krankenhausmitarbeiter können so noch schneller und genauer die Daten der Kunden und deren Krankheitsverlauf erfassen. Um die Mitarbeiterzufriedenheit in der Lern- und Entwicklungsperspektive zu erhöhen wird die Unternehmenskultur überarbeitet und vermehrt kommuniziert. Das Unternehmen setzt auf eine angenehme Arbeitsatmosphäre und Teamfähigkeit. In jedem Meeting wird somit die Unternehmenskultur erläutert und im Arbeitsalltag gelebt. Für die internen Prozessperspektive bekommen die Mitarbeiter vier Schulungen pro Jahr, um sich im Bereich Vertrieb weitere Kompetenzen aneignen zu können. Die Mitarbeiter lernen wie optimale Bedarfsanalysen sowie Beratungsgespräche durchgeführt werden sollen. In diesem Zusammenhang werden bei der Kundenperspektive Kundenbefragungen durchgeführt. Nach einem Beratungsgespräch bekommen die Kunden per E-Mail einen Fragebogen zugeschickt, um ihre Zufriedenheit und Meinungen äußern zu können. Als Maßnahme in der Finanzperspektive werden die Marketingprozesse optimiert. Auch die Mitarbeiter der Marketingabteilung bekommen vier Schulungen im Jahr im Bereich C-Level Marketing. Die Strukturen werden angepasst, da das C-Level Marketing alle sieben Produktlinien gemeinsam erfasst und sich somit die Arbeitsprozesse verändern müssen.

5 Unternehmensethik

5.1 Praxisbeispiel

Am 18. September 2015 deckte die US-Umweltbehörde den Abgasskandal von Volkswagen (VW) auf. Dabei enthüllte die Behörde, dass bei Volkswagen die Motorsteuerungssoftware von rund elf Millionen Diesel-Modellen manipuliert wurden. Deren Ziel war es, die Abgasemissionswerte im Prüfverfahren künstlich niedrig zu halten, um die gesetzlichen Umweltstandards einzuhalten. Der Skandal hatte einen Schaden in Milliardenhöhe und einen Stellenabbau von tausenden von Mitarbeitern zur Folge.

5.2 Unternehmenswerte

Nach Katharina Janke (2012, S.29) wirken Unternehmenswerte als „Ziel, Maßstab oder Kriterium, gleichsam als übergeordnetes, situationsübergreifendes, objektunspezifisches Referenzsystem."

Lautmann (1969, S.106) definiert Werte „als Maßstab der guten Gegenstände, Kriterium zur Auswahl der Objekte, die wir anstreben sollen und normativen Standard zur Beurteilung von Objekten." Werte werden als Besonderheiten in der Beurteilung wünschenswerter Ziele oder Handlungsdispositionen gesehen. Demnach sind Wertehaltungen gewissermaßen innere Standards des Menschen, an denen das eigene Verhalten oder das Verhalten anderer gemessen werden.

Ein Wert von Volkswagen ist Nachhaltigkeit. Nachhaltigkeit bedeutet für das Unternehmen ökonomische, soziale und ökologische Ziele gleichrangig und gleichzeitig anzustreben (Volkswagen AG, 2017). Das versucht VW mit einer nachhaltigen Entwicklung, vorausschauenden Umweltschutz und sozialen Kompetenzen. Volkswagen verfolgt eine Sorgfaltspflicht, das heißt VW möchte sorgsam mit der Umwelt und mit den Ressourcen umgehen. Zudem ist ein wichtiger Wert die Verantwortung, welche das Unternehmen für die Mitarbeiter, Umwelt, Produkte, sowie die Gesellschaft übernimmt. Volkswagen setzt auf die soziale Absicherung und wirtschaftliche Teilhabe der Mitarbeiter. Zu den Unternehmenswerten gehört auch die Transparenz. Darunter versteht VW eine transparente Kommunikation, faire Kooperationen, sowie die Partizipation der Mitarbeiter (Volkswagen AG, 2002). Aus der aktuellen Mission werden die Werte Zuverlässigkeit und Vertrauen erwähnt, welche VW den Kunden, aber auch den Mitarbeitern zusichern möchte. Zudem ist ein relevanter Wert die Innovation. Der Konzern bietet seinen Kunden durch Innovationen und hoher Qualität die höchste Produktsicherheit (Volkswagen AG, 2017). Für Volkswagen ist Engagement ein wesentlicher Bestandteil bei den Unternehmenswerten. VW zeigt bei Kultur- und Nachhaltigkeitsprojekten, sowie bei Flüchtlingsprojekten großes Engagement und Interesse.

5.3 Wertebruch

Im Zusammenhang mit dem Abgasskandal hat Volkswagen nach eigenen Aussagen diesen Werte in allen Punkten widersprochen.

Volkswagen hat auf der Mikroebene der Individualethik gegen den Wert Vertrauen und Zuverlässigkeit verstoßen. Volkswagen hat das Vertrauen jedes einzelnen Individuum verletzt, indem sie den Kunden bewusst Fahrzeuge mit manipulierter Motorsteuersoftware verkauft haben und es vertuschen wollten. Die Käufer haben VW vertraut und gingen bei dem Erwerb der Diesel-Fahrzeuge von der versprochenen Produktqualität aus.

Zusätzlich hat das Unternehmen auf der Mesoebene der Unternehmensethik gegen die Werte Verantwortung, Sorgfaltspflicht und Innovation widersprochen. Zum einen wurde die Verantwortung für die Mitarbeiter nicht eingehalten. Durch den Skandal wurden um die 10.000 Stellen abgebaut und die Mitarbeiter verloren ihren für sie sicheren Job. Zum anderen hat VW die Sorgfaltspflicht hinsichtlich der Umwelt missachtet. Die Umweltstandards wurden beabsichtigt nicht eingehalten. Die hohen Abgaswerte führten zu einer erhöhten Feinstaubbelastung und Luftverschlechterung. Auch die Innovationen und die hohe Qualität konnte Volkswagen gegenüber seinen Kunden nicht sicherstellen und enttäuschte auf dieses Weise die Kundschaft. Genauso wurde auf der Makroebene der Wirtschaftsethik die nachhaltige Entwicklung und der vorausschauende Umweltschutz nicht beherzigt.

5.4 Konsequenzen

Der Wertebruch von Volkswagen zieht mögliche Konsequenzen für die interne, wie auch externe Stakeholder mit sich.

Zu den Konsequenzen der internen Stakeholder zählt der größte finanzielle Verlust der Firmengeschichte. Volkswagen geriet 2015 mit einem Verlust von 1,6 Milliarden Euro deutlich in den roten Zahlen. Eine weitere Konsequenz ist, dass im Zeitraum von Oktober 2015 bis Oktober 2017 der Marktanteil der Automobilmarke Volkswagen an den Pkw Neuzulassungen in Europa von 12,4 Prozent auf 11 Prozent gesunken ist (Suhr, 2016).

Nach zwei Befragungen von Statista (2017), erlitt Volkswagen durch den Abgasskandal einen Vertrauens-, sowie Imageverlust, was zwei Folgen für die externen Stakeholder mit sich zieht. 42 Prozent der Befragten gaben an, dass sich ihre Meinung über Volkswagen verschlechtert habe. Nur 7 Prozent halten VW für sehr vertrauenswürdig, während ein Drittel der Befragten kein Vertrauen in VW hat. Bei der Befragung waren 1.001 Personen beteiligt. Eine genauere Darstellung der Befragung wird in den folgenden zwei Abbildungen Abb. 3 dargestellt.

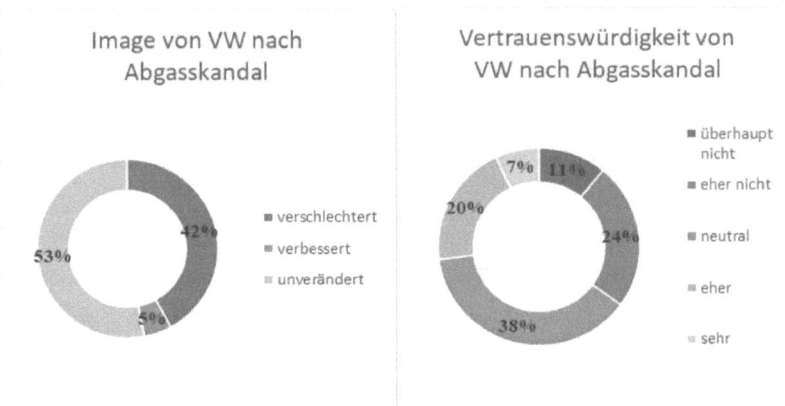

Abb. 3: Image und Vertrauenswürdigkeit von VW nach dem Abgasskandal in Anlehnung an Statista (Suhr, 2016)

6   Literaturverzeichnis

Bamberger, I., Wrona, T. (2012). *Strategische Unternehmensführung* (2.Aufl.). München: Vahlen:

Bleicher, K. (1991). *Organisationen: Strategien- Strukturen- Kulturen* (2.Aufl.) Gabler Verlag.

Doppler, K., Lauterburg, C. (2008). *Den Unternehmenswandel gestalten* (12. Aufl.). Frankfurt am Main: Campus.

Hanft, A. (2011). *Bildungs- und Wissenschaftsmanagement*. München: Vahlen.

Janke, K. (2012). *Kommunikation von Unternehmenswerten*. Wiesbaden: Springer.

Kaplan, R., Norton, D.P. (1997). *Balanced Scorecard. Strategien erfolgreich umsetzten*. Vogelhuber: Stuttgart.

Kotter, J.P. (1995). Leading Change: Why Transformation efforts fail. *Harvard Business Review* (2), 4-9.

Lautmann, R. (1969). *Werte und Norm: Begriffsanalysen für die Soziologie*. Westdeutscher Verlag.

Raps, A. (2002). *Erfolgsfaktoren der Strategieimplementierung* (4.Aufl.). Wiesbaden: Springer.

Schweizer, G., Iberer, U. & Keller, H. (2005). *Lernen am Unterschied: Bildungsprozesse gestalten- Innovationen vorantreiben*. Bertelsmann Verlag.

Steinle. C., Thiem, H.& Lange, M. (2001). Die Balanced Scorecard als Instrument zur Umsetzung von Strategien. Praxiserfahrung und Gestaltungshinweise. *Controller Magazin*, 26, 29-37.

Suhr, F. (2016). *Vertrauen in VW sinkt*. Zugriff am 22. November 2017. Verfügbar unter https://de.statista.com/infografik/6868/vertrauen-in-vw-nach-dieselgate/

Volkswagen AG (2017). *Nachhaltigkeit im Volkswagen Konzern*. Zugriff am 14. November 2017. Verfügbar unter http://www.volkswagenag.com/presence/nachhaltigkeit/documents/policy-intern/2002%20Nachhaltigkeitsleitbild%20DE.pdf

Volkswagen AG (2017). *Unsere Strategie-für das Wachstum von morgen*. Zugriff am 14. November 2017. Verfügbar unter http://www.volkswagenag.com/de/group/strategy.html

7 Abbildungs- und Tabellenverzeichnis

7.1 Abbildungsverzeichnis

7.2 Tabellenverzeichnis